やさしいフランス語で読む
ルパン傑作短編集

IBCパブリッシング

カバーデザイン・イラスト
アサイレイコ
●
編集協力
鈴木秀幸
●
フランス語翻案
フランス語学校　ヌーベルエコール

はじめに

　ずいぶん昔のことです。ぼくは大学を休学して、フランスに語学留学をしていたのですが、日本での生活と比べて、ひとつだけ淋しい思いをしていました。それは夜、寝る前に読書ができないこと。もちろん本屋さんに行けば、フランス語の小説は簡単に手に入ります（マルセル・プルーストの『失われた時を求めて』の原書もすぐに購入しました）。でも、悲しいことに、当時のぼくの語学力では、ベッドに寝ころがりながらフランス語の原書を読み、「読書」を楽しむというわけにはいきません。辞書を引きひき、複雑な構文を解析しながら原文を解読していくと、「楽しみ」ではなく、「苦行」になってしまうのです。ところが、そんなある日、やさしいフランス語で書かれた本を見つけて、「オリジナルじゃないから」と最初は迷ったのですが、思い切って買ってみました。そうしたら、どうでしょう？　読みはじめたとたん、「ああ、これぞ読書の楽しみ！」と嬉しくなりました。この時の嬉しさは今でもはっきり覚えています。

　おそらく、この本を手にとった皆さんは、フランス語の学習意欲が高く、性格もきっと真面目で、「フランス語は多少辛くても、がんばって身につけるものだ」と考えていらっしゃると思います。でも、そんなことはあり

ません。勉強は楽しくするのが一番。語学の学習には時間がかかるので、むしろ楽しくないと長続きしないのです。少なくとも、楽しい勉強も合間にはさまないと……。

ということで、

「やさしいフランス語で読む」
メリット１

フランス語で「読書の楽しみ」を味わうことができる。「読書の楽しみ」とは小説なら、その世界にひきずりこまれて、お話に没頭すること。「やさしいフランス語」で書かれたものなら、途中であまり中断されることなく、お話を楽しむことができます。

「やさしいフランス語で読む」
メリット２

実は「やさしいフランス語」で読むことは、語学力のアップにもつながります。ほかの外国語と同様、フランス語は「フランス語特有の発想」で書かれています。学習者にはこの「発想」がわかりにくいのですが、どんなに「やさしいフランス語」で書かれていても、そこには

「フランス語の発想」があります。したがって、「わかる、わかる」と楽しく読んでいるうちに、自然に「フランス語の発想」が理解できるようになります。

　また、語学を習得するには、「内容のわかるものをたくさん読む」ことが大切なのですが、「やさしいフランス語で読む」ことは、その点でも最適です。このシリーズには語注もついていますので、そのうちに少しずつ語彙も増えてきます。

　要するに、小さい頃、やさしい日本語で書かれたお話を楽しく読んで、日本語を自然に身につけたように、楽しくお話を読みながら、フランス語を身につけることができるのです。語学の学習段階では、一度、そういった時期を通過することが大切だと思われます。

　このシリーズで読書を楽しみながら、フランス語の力をつけて、やがてはフランス語の原書を自在に読みこなす方が出てくることを願ってやみません。

フランス語翻訳家
高野　優

Contenu

I. L'arrestation d'Arsène Lupin 9
ルパン逮捕される

II. Arsène Lupin en prison 35
獄中のアルセーヌ・ルパン

III. L'évasion d'Arsène Lupin 53
ルパンの脱獄

IV. Le Collier de la Reine 73
女王の首飾り

V. Sherlock Holmes arrive trop tard 95
おそかりしシャーロック・ホームズ

Index des mots et des expressions 124
語句索引

I.
L'arrestation d'Arsène Lupin
ルパン逮捕される

Quel étrange voyage ! Il avait **pourtant** si bien commencé.

Nous **voguions** de la France vers New-York. Notre bateau, La Provence, était un transatlantique rapide et confortable. Le capitaine était un homme **compétent** et **affable**. Les passagers étaient des gens cultivés et raffinés. Le plaisir de lier de nouvelles amitiés faisait passer le temps rapidement. Nous appréciions le fait d'être sur le bateau, loin du monde. Notre bateau était comme une petite île.

Avant de commencer le voyage, les passagers étaient comme des étrangers. Nous ne savions rien les uns des autres. Mais maintenant, sur le bateau, nous nous sentions très proches. Nos vies semblaient se mélanger. Ensemble, nous faisions face à la puissance de l'océan. Nous traversions de grosses tempêtes de même que des eaux calmes.

Ces dernières années, la vie en mer a changé. Lorsque nous sommes sur un bateau, nous ne sommes pas vraiment seuls. Le monde extérieur peut nous joindre. Comment, demandez-vous ? La réponse est le **télégraphe sans fil**. Cet appareil moderne permet d'envoyer des messages à travers l'air. Il est même possible d'envoyer des messages aux navires en mer.

❧ mots-clés et expressions utiles

- pourtant しかしながら
- voguer 航行する
- compétent 有能な
- affable 愛想のよい
- télégraphe sans fil *n.m.* 無線機

Le premier jour de notre voyage, de nombreux passagers de La Provence reçurent des messages télégraphiques. Le lendemain, notre bateau était à 500 milles des côtes françaises. Le temps était mauvais. **Au milieu d'une** terrible tempête, le commandant reçut ce message :

« Arsène Lupin est sur votre bateau. Il voyage en première classe. Il a les cheveux clairs et une blessure au bras droit. Il voyage seul, sous le nom de R… ».

Soudain, le télégraphe s'arrêta. La tempête était trop forte. Le reste du message fut perdu. Nous n'avons jamais su le nom qu'Arsène Lupin utilisait.

La nouvelle **se répandit** rapidement sur le bateau. Bientôt, tous les passagers **étaient au courant**. Nous ne parlions que de cela.

Arsène Lupin se cachait sur notre bateau ! Arsène Lupin, le célèbre gentleman-cambrioleur ! Lupin volait uniquement aux riches, et il le faisait avec style. Chaque crime était parfait, tel une oeuvre d'art. Même Ganimard, le meilleur détective de France, n'avait pas **réussi à** l'attraper.

Arsène Lupin lui-même était un mystère. Il n'avait jamais deux fois le même visage. Personne ne savait vraiment qui il était — et maintenant il était sur La Provence !

Tout le monde sur le navire était excité et nerveux. Chacun se demandait « Lequel d'entre nous est Lupin ? ». « Peut-être est-ce ce passager ! Ou celui-là ? Ou peut-être l'homme assis **à côté de** moi au dîner ? ».

❧ mots-clés et expressions utiles

☐ au milieu de ～ ～の最中に
☐ se répandre 広がる
☐ être au courant,e 知っている
☐ réussir à +*inf.* ～するのに成功する
☐ à côté de A Aの横で

Le jour suivant, un groupe de passagers discutait à propos de Lupin.

« Quelle situation ! », s'écria Mademoiselle Nelly Underdown. « Nous n'avons aucun moyen de découvrir Arsène Lupin. Et pourtant il est sur ce bateau ! Nous devons attendre d'arriver à New-York pour le trouver. Je suis si nerveuse. J'espère qu'il sera arrêté bientôt ».

Elle me regarda. « Monsieur d'Andrézy, vous avez parlé avec le commandant. Vous devez savoir quelque chose sur Lupin. Dites-nous, s'il vous plaît ! », s'écria-t-elle.

J'aurais aimé répondre à Mademoiselle Nelly. C'était une jeune femme très jolie. Elle avait des manières douces. Elle était vraiment délicieuse. Je **me sentais en danger de tomber amoureux** d'elle.

Mademoiselle Nelly avait été élevée en France. Maintenant elle se rendait aux États-Unis pour rendre visite à son riche père. Elle voyageait avec une amie, Lady Jerland.

« Je n'ai pas de connaissances spéciales, Mademoiselle, » répondis-je. « Mais nous pourrons certainement trouver qui est Arsène Lupin. Il n'y a pas besoin d'être le détective Ganimard pour découvrir le secret de Lupin. »

« Vous êtes bien **confiant**, Monsieur d'Andrézy », dit-elle en souriant.

« Nous avons toutes les informations qu'il nous faut », lui dis-je.

« Quelles informations ? », demanda Mademoiselle Nelly.

❧ mots-clés et expressions utiles

☐ se sentir en danger de +*inf.* 危うく〜しそうに感じる
☐ tomber amoureux,*se* 恋してしまう
☐ confiant,*e* 自信がある

« D'abord, nous savons que Lupin s'appelle lui-même Monsieur R—. Deuxièmement, il voyage seul. Troisièmement, il a les cheveux clairs. Maintenant, regardons la liste des passagers de première classe. »

J'avais la liste dans ma poche. Je la sortis et la lus. Puis je dis : « Sur cette liste de passagers, il y a seulement treize hommes dont le nom commence par R. Neuf d'entre eux voyagent avec d'autres personnes. Seuls quatre hommes voyagent seuls. L'un de ces quatre hommes doit donc être Lupin. »

« Qui sont ces quatre hommes ? », demanda Mademoiselle Nelly.

« D'abord il y a le **Marquis** de Raverdan », lui dis-je.

« Ce n'est pas Lupin ! C'est impossible. Je connais le Marquis depuis des années », dit-elle.

« Ensuite il y a le **Major** Rawson », poursuivis-je.

« C'est mon oncle », dit quelqu'un d'autre.

I. L'arrestation d'Arsène Lupin
ルパン逮捕される

« Le Major Rawson ne peut pas être Lupin. »

« Le troisième homme est Monsieur Rivolta », dis-je.

« Je suis Monsieur Rivolta », répondit un homme italien. Il avait les cheveux très bruns.

« Ce n'est pas Lupin », dit Mademoiselle Nelly en riant. « Il n'a pas les cheveux clairs ! »

« Alors la réponse est simple », répondis-je. « Le quatrième homme doit être Arsène Lupin. »

❧ mots-clés et expressions utiles

☐ marquis *n.m.* 侯爵
☐ major, *n.m.* 少佐

« Qui ? Qui est-ce ? Quel est son nom ? », demanda Mademoiselle Nelly.

« Monsieur Rozaine », répondis-je. « Quelqu'un le connaît-il ? »

Pendant un moment, personne ne répondit. Puis Mademoiselle Nelly se tourna vers un jeune homme mince et calme. « Monsieur Rozaine, que dites-vous ? », demanda-t-elle.

Tout le monde regarda le jeune homme. Il avait les cheveux clairs. « Oui, je voyage seul », dit-il. « Mes cheveux sont clairs, comme vous pouvez le voir. À l'évidence, je dois être Lupin. Vous devriez sans doute m'arrêter maintenant. »

Monsieur Rozaine plaisantait, bien sûr. Il semblait impossible que ce jeune homme soit le célèbre Lupin. Et pourtant… La voix de Rozaine semblait trembler. Il semblait nerveux.

« Avez-vous la blessure ? », demanda Mademoiselle Nelly à Rozaine. « Lupin a une blessure sur le bras. C'est ce qui était dit dans

I. L'arrestation d'Arsène Lupin
ルパン逮捕される

le message télégraphique. »

« Non », dit Rozaine. « Je n'ai pas la blessure ». Il nous montra son bras.

Mais je ne m'étais pas laissé duper. Rozaine avait montré son bras gauche. La blessure de Lupin **était censée** être sur son bras droit.

Soudain, Lady Jerland courut vers nous. « **Au secours !** », s'écria-t-elle. « Mes bijoux ! Quelqu'un a volé mes bijoux ! Ils ont été pris dans ma cabine ! »

❧ mots-clés et expressions utiles

□ être censé,e +*inf*. 〜すると見なされている
□ au secours ! 助けて！

Le crime était étrange. Le voleur n'avait pas pris tous les bijoux. Il n'avait emporté que les pierres les plus belles. Il avait laissé les autres.

Tous les passagers avaient la même pensée. Arsène Lupin a volé les bijoux !

La même nuit, le commandant arrêta Monsieur Rozaine. Chacun sur le bateau se sentit soulagé. Rozaine était Lupin, **après tout**. Le gentleman-cambrioleur avait été attrapé. Nous étions en sécurité à nouveau ! Le bateau était sûr !

Mais le lendemain matin, le commandant libéra Monsieur Rozaine. Il avait été capable de prouver son innocence. Aucun de ses bras ne portait de blessure comme celle de Lupin. Et Rozaine était loin de la cabine de Lady Jerland au moment du vol. **En outre**, il avait les papiers qui prouvaient qui il était. Monsieur Rozaine n'était pas Arsène Lupin.

Puis Monsieur Rozaine annonça qu'il donnerait 10 000 francs à qui attraperait Arsène Lupin. « Si personne n'attrape ce

I. L'arrestation d'Arsène Lupin
ルパン逮捕される

criminel, alors je le trouverai moi-même », dit-il.

Pendant plusieurs jours, Rozaine fouilla le bateau. Le commandant de La Provence mena également une recherche. Chaque pièce fut fouillée. Mais ni Rozaine ni le commandant ne purent trouver les bijoux de Lady Jerland. Ils ne trouvèrent pas non plus Arsène Lupin.

Tout le monde sur le bateau devenait de plus en plus nerveux. Qui était Lupin ? Où avait-il caché les bijoux ?

mots-clés et expressions utiles

- □ après tout 結局
- □ en outre そのうえに、おまけに
- □ pendant 〜 〜の間

Le troisième après-midi, j'arpentais le bateau avec Mademoiselle Nelly. Elle et moi avions passé chaque jour du voyage ensemble. J'appréciais sa beauté et sa nature douce. Pendant que nous marchions, je prenais des photos avec mon appareil.

« Lupin doit être un maître-cambrioleur », dit Mademoiselle Nelly. « Mais nous savons que les bijoux sont cachés quelque part, Monsieur d'Andrézy ! Ils sont quelque part sur le bateau. »

« C'est vrai », répondis-je. « Le commandant devrait fouiller les sacs de tout le monde. Il devrait examiner toutes les affaires qui nous appartiennent. »

Je levai alors mon appareil photo et le montrai à Mademoiselle Nelly. « Par exemple, Lupin pourrait utiliser un appareil photo pour cacher les bijoux. Il pourrait les mettre à l'intérieur et faire ensuite semblant de prendre des photos. Personne ne devinerait son secret. »

I. L'arrestation d'Arsène Lupin
ルパン逮捕される

Cette nuit-là, Monsieur Rozaine ne put pas être trouvé. Le commandant ordonna une autre fouille complète du bateau. **Finalement**, l'un des officiers trouva Monsieur Rozaine dans un triste **état**. Il n'était pas blessé, mais son argent avait été volé. Puis il avait été **attaché avec une corde** et laissé dans un coin sombre du bateau. À aucun moment, il ne put voir le voleur qui l'avait attaqué.

Mais le voleur **avait laissé un message** dans la poche de Rozaine. La note disait : « Arsène Lupin remercie Monsieur Rozaine. Lupin est très heureux d'accepter ces 10 000 francs. »

⚜ mots-clés et expressions utiles

- □ finalement 最後に、しばらくしてようやく
- □ état *n.m.* 状態
- □ attaché,*e* avec une corde 縄で縛られた
- □ laisser un message メッセージを残す

Tous les passagers avaient maintenant très peur. Lupin avait à nouveau frappé ! Aucun d'entre nous ne voulait être seul. Pour notre sécurité, nous restâmes en petits groupes. Mais le danger semblait être partout autour de nous. Personne ne faisait confiance à personne. Chaque passager était désormais un suspect. Tout le monde pouvait être Lupin !

Après tout, le gentleman-cambrioleur était un maître du déguisement. Il pouvait **changer de** visage, de voix et de nom si facilement ! Qui était Arsène Lupin ? Chacun sur le bateau avait une théorie différente. Personne n'était d'accord. Tout ce que nous pouvions faire était d'attendre que le voyage finisse, avec l'arrivée à New-York.

Pendant tout ce temps, Mademoiselle Nelly resta à mes côtés. J'étais content de la protéger afin qu'elle se sente en sécurité. Je me sentais étrangement reconnaissant envers Arsène Lupin… Il **me rapprochait de** Mademoiselle Nelly. Je compris que j'étais amoureux d'elle.

I. L'arrestation d'Arsène Lupin
ルパン逮捕される

Et je me doutais qu'elle m'aimait, elle aussi.

Il n'y avait pas de nouveaux messages du télégraphe. Il restait silencieux. Le manque de nouvelles était insupportable. Nous vivions dans la peur. Nous imaginions le pire …qu'un autre crime puisse se produire ! Cette fois, pensions-nous, ce serait pire qu'un vol. Ce serait un assassinat, ce serait la mort ! Lupin contrôlait la situation, pensions-nous. Il était le vrai capitaine du navire. Notre argent et nos vies **étaient à** lui, s'il le voulait.

⚜ mots-clés et expressions utiles

- après tout 結局、いずれにしても
- changer de A Aを取り替える
- rapprocher A de B AをBに近づける
- être à A Aのものである

Enfin La Provence arriva à New-York. Notre voyage était fini. Nous allions enfin trouver qui était Arsène Lupin ! Chacun se prépara à quitter le navire. Il y avait une grande excitation parmi les passagers.

Puis le moment arriva. Je ne l'oublierai jamais. Mademoiselle Nelly et moi étions sur le pont du bateau. Nous regardions la foule des gens qui attendaient en dessous. La police était là aussi.

« Regardez, Mademoiselle Nelly », lui dis-je en pointant la police du doigt. « La police est là. Elle attend probablement Arsène Lupin. »

« Vont-ils l'attraper ? », demanda-t-elle. Sa voix était étrangement inquiète.

« Qui sait ? », dis-je. « Peut-être Lupin s'est-il déjà échappé. Ou peut-être a-t-il préféré mourir plutôt que d'être arrêté. Il a pu se jeter dans l'océan. »

« Oh, ne dites pas une chose pareille ! », s'écria Mademoiselle Nelly.

I. L'arrestation d'Arsène Lupin
ルパン逮捕される

Puis je vis un autre homme dans la foule. C'était un homme âgé. Son visage était tout à fait ordinaire. Il portait une **redingote** verte.

Je le montrai du doigt. « Voyez-vous cet homme avec le manteau vert ? », demandai-je à Mademoiselle Nelly. « C'est Ganimard. »

« Ganimard, le célèbre détective ? », dit-elle.

« Oui, c'est l'ennemi d'Arsène Lupin. Il est là pour l'arrêter », lui dis-je. « Maintenant je comprends pourquoi nous n'avons plus reçu de messages télégraphiques pendant le voyage. C'était à cause de Ganimard. Il garde toujours ses affaires secrètes. »

mots-clés et expressions utiles
□ redingote *n.f.* フロックコート。18〜19世紀の男性用コートで襟が二重になっており、背中にスリットが入ったもの。

Les passagers commencèrent à quitter le navire. Le marquis de Raverdan descendit. Puis suivirent le major Rawson et Monsieur Rivolta. Mais Ganimard ne semblait pas **s'intéresser à** eux.

« Peut-être que Monsieur Rozaine est Lupin », dit Mademoiselle Nelly. « Ganimard va certainement l'arrêter ! »

Rozaine commença à quitter le navire. Il **était sur le point de** passer à côté de Ganimard. Je **tendis** mon appareil photo à Mademoiselle Nelly.

« Vous devriez prendre une photo », lui dis-je. « Je pense qu'il serait intéressant d'avoir Rozaine et Ganimard sur une même photo. »

Mais Ganimard ne fit pas attention à Rozaine. Rozaine n'était donc pas Arsène Lupin !

« Qui est Lupin ? », s'écria Mademoiselle Nelly. « Si Rozaine n'est pas Lupin, qui donc l'est ? ». Elle regarda tout autour du bateau.

I. L'arrestation d'Arsène Lupin
ルパン逮捕される

Seuls vingt passagers étaient descendus. « L'un d'entre eux doit être Lupin », dit-elle.

« Il est temps de quitter le navire », dis-je. « Nous ne pouvons pas attendre plus longtemps. »

Nous commençâmes à descendre. Mademoiselle Nelly tenait toujours mon appareil photo. Le détective Ganimard s'arrêta en face de nous.

« Que se passe-t-il ? », lui demandai-je.

« Un moment, monsieur », dit-il. « Quel est votre nom ? »

❧ mots-clés et expressions utiles

□ s'intéresser à A Aに関心がある
□ être sur le point de +*inf.* まさに〜しようとしている
□ tendre A Aを差し出す

« Je m'appelle Bernard d'Andrézy ».

« Impossible ! », répondit Ganimard. « Bernard d'Andrézy est mort il y a trois ans. Vous êtes Arsène Lupin. »

« Vous vous trompez », lui dis-je. « Tout le monde sait que Lupin voyage sous le nom de R… »

« C'est encore une **ruse** », répondit Ganimard. « Vous **avez** vous-même **inventé** cette histoire de nom. Vous avez essayé de tromper les gens. »

Puis Ganimard saisit mon bras droit. Je **hurlai de douleur**. Il avait appuyé sur la blessure décrite dans le message télégraphique.

Je devais me **rendre** à l'évidence. Il serait impossible de fuir. Avec un sourire, je laissai Ganimard m'arrêter.

Je regardai Mademoiselle Nelly. Elle avait entendu chaque mot. Elle me regarda à son tour. Puis ses beaux yeux se portèrent sur l'appareil photo.

Je savais qu'elle avait soudain tout compris.

I. L'arrestation d'Arsène Lupin
ルパン逮捕される

Les bijoux de Lady Jerland étaient cachés dans l'appareil photo. Les 10 000 francs de Monsieur Rozaine s'y trouvaient aussi. Dans ses mains, Mademoiselle Nelly tenait toute l'évidence de mes crimes ! Si elle le disait à Ganimard, il pouvait prouver ma culpabilité.

Qu'allait donc faire Mademoiselle Nelly ? Le dirait-elle à Ganimard ? Lui donnerait-elle l'appareil photo ?

mots-clés et expressions utiles

☐ ruse *n.f.* 策略
☐ inventer 考案する
☐ hurler de douleur 痛みでうめく
☐ se rendre à A Aに降伏する

Son visage était parfaitement calme. Je n'arrivais pas à deviner ce qu'elle pensait. Me haïssait-elle maintenant ? Ou était-il possible qu'elle éprouve encore quelque chose pour moi ? Je n'**osais** pas dire un mot.

Alors Mademoiselle Nelly s'en alla. Elle ne dit pas au revoir. Elle quitta le bateau avec les autres passagers.

Soudain, Mademoiselle Nelly laissa tomber l'appareil photo. Elle l'avait fait **exprès**, je le savais. L'appareil **longea** la **coque** du bateau et tomba dans l'eau. Il **sombra au fond de** l'océan. Il avait disparu **à jamais** !

Personne ne vut ce que Mademoiselle Nelly avait fait. Les bijoux et l'argent avaient disparu ! Maintenant il n'y avait plus de preuves contre moi !

Je restai silencieux pendant un moment. Puis je dis : « **Quel dommage** que je ne sois pas un honnête homme ! »

* * * *

I. L'arrestation d'Arsène Lupin
ルパン逮捕される

Telle est l'histoire de l'arrestation d'Arsène Lupin. C'est lui-même qui me l'a racontée. Il m'a également raconté ses autres aventures. C'est un honneur pour moi de **consigner** ses aventures par écrit.

À quoi ressemble Arsène Lupin ? On m'a souvent posé la question. Mais je ne peux pas le décrire. À chaque fois que je le vois, il a une allure totalement différente. C'est le maître du déguisement. Il peut changer de visage et de voix si facilement.

✢ mots-clés et expressions utiles

- oser +*inf.* 思い切って〜する
- exprès わざわざ
- longer A Aに沿っていく
- coque *n.f.* 船体
- sombrer 沈む
- au fond de A Aの底に
- à jamais 永遠に
- quele dommage! なんと残念なことか！
- consigner 預ける、託す

« Pourquoi devrais-je laisser les gens reconnaître mon visage ? », m'a-t-il dit. « Mes actions parlent pour moi. Quand le public voit mon travail, il sait que c'est le mien ! Personne d'autre n'a fait ce que j'ai fait. Quand les gens voient mes actions, ils disent sans hésiter : "C'est Arsène Lupin qui a fait cela !"

II.
Arsène Lupin en prison
獄中のアルセーヌ・ルパン

On raconte de nombreuses histoires au sujet du château du Malaquis. Le vieux château est bâti sur un rocher, **au milieu de** la Seine.

Pendant des années, le château a appartenu au baron Nathan Cahorn. Celui-ci était un homme très riche. Il possédait de nombreux trésors — des peintures de Rubens et Watteau, de magnifiques bijoux, de beaux meubles.

Le baron aimait ses trésors plus que tout au monde. Sa plus grande crainte était de les perdre. Le château était toujours soigneusement gardé. Personne n'était **autorisé** à pénétrer à l'intérieur. De hauts murs et des portes **robustes** le protégeaient.

Un jour, le baron reçut une étrange lettre. Il l'ouvrit et la lut :

Monsieur le Baron,
Vous possédez un magnifique grand tableau de Rubens. Vous avez également un adorable petit tableau de Watteau. J'aime aussi vos bijoux et votre table Louis XIII.

II. Arsène Lupin en prison
獄中のアルセーヌ・ルパン

Pour l'instant, ces quelques objets me suffisent. Merci de les envoyer à la gare des Batignolles. J'irai les chercher à la gare. J'espère les recevoir d'ici la semaine prochaine.
Si vous ne m'envoyez pas ces objets, j'irai à votre château et les emporterai moi-même. Je viendrai dans la nuit du 27 septembre.

Arsène Lupin
Prison de la Santé, Paris

*P.S. N'envoyez pas votre grand tableau de Watteau. Bien que vous ayez payé cher pour l'avoir, ce n'est pas l'original. C'est **juste** une copie.*

⚜ mots-clés et expressions utiles

- □ au milieu de 〜 〜の真ん中に
- □ autorisé,e 許可された
- □ robuste 頑丈な
- □ juste 間違いなく、正しく

Le baron était **bouleversé**, choqué. La lettre était du célèbre Arsène Lupin, le gentleman-cambrioleur. Mais cela semblait impossible ! Lupin était maintenant en prison à Paris. Ganimard l'avait arrêté aux États-Unis et ramené en France. Comment Lupin pouvait-il voler les trésors du baron alors qu'il était en prison ?

Mais le baron restait inquiet. Il demanda l'aide de la police. Celle-ci lui rit **au nez**. « Lupin est en prison », lui répondit-elle. « Il ne peut pas voler vos trésors, Monsieur le Baron. »

C'est alors que le baron lut une histoire dans le journal local. L'histoire disait que Ganimard était en vacances dans la ville. Il était venu se reposer après l'arrestation d'Arsène Lupin. Le baron **se dépêcha de** trouver le célèbre inspecteur de police.

Il ne **tarda** pas à retrouver Ganimard. Il parla à l'inspecteur de l'étrange lettre. « Voulez-vous m'aider ? », lui demanda-t-il.

II. Arsène Lupin en prison
獄中のアルセーヌ・ルパン

Ganimard rit. « Vous n'avez pas besoin de mon aide, » dit-il au baron. « Un vrai voleur ne vous préviendra jamais avant de voler vos trésors. Cette lettre doit être une plaisanterie. **De toute façon**, la lettre ne peut pas être d'Arsène Lupin. Il est en prison. Il ne peut pas s'échapper. Il ne peut certainement pas vous voler ! Rentrez chez vous, Monsieur le baron. Vos trésors **sont en sécurité**. »

☙ mots-clés et expressions utiles

- □ bouleversé,*e* 混乱した、仰天した
- □ au nez 鼻先で、目の前で
- □ se dépêcher de +*inf.* 急いで〜する
- □ tarder à +*inf.* 遅れて〜する
- □ de toute façon いずれにせよ、とにかく
- □ être en sécurité 安全である

Le baron se sentit mieux. Peut-être que Ganimard **avait raison**. La lettre doit être une étrange **plaisanterie**. Lupin était en prison, **après tout**. Il n'y avait pas de danger.

Six jours passèrent. On était le 26 septembre. C'est alors que le baron reçut une autre lettre. Celle-ci disait :

Vous ne m'avez pas envoyé les objets. Je viendrai donc au château demain pour les prendre. — Arsène

Le baron avait maintenant très peur. Il se précipita chez Ganimard. « Vous devez m'aider, Ganimard ! », s'écria-t-il. « Venez à mon château demain. Vous devez stopper Lupin ! Je vous paierai pour votre aide. »

« Je suis en vacances », dit Ganimard. « En tant qu'inspecteur de police, je ne suis pas censé accepter d'autre tâches. Ce serait une erreur. »

« Personne ne le saura », dit le baron.

« Cela restera secret. Et je vous donnerai 3000 francs. »

Finalement l'inspecteur accepta. « Je viendrai à votre château demain. Deux de mes hommes seront avec moi. »

La nuit du 27, Ganimard arriva avec ses deux hommes. Ils fouillèrent soigneusement le château. Ils étudièrent la pièce où **étaient gardés** les trésors.

❧ mots-clés et expressions utiles

- [ ] avait raison　正しい
- [ ] plaisanterie *n.f.*　いたずら
- [ ] après tout　結局のところ、要するに
- [ ] garder　保管する、守る

« Il n'y a aucune **issue** par laquelle Lupin puisse entrer. Le château est bien gardé », dit Ganimard au baron. « Les portes et les fenêtres sont verrouillées. Mais mes hommes vont observer et attendre. Si Lupin vient, ils seront prêts. »

Les deux hommes de Ganimard se tenaient dans la pièce avec les trésors. Ganimard et le baron restaient **à proximité**. La nuit passa tranquillement. À minuit, ils entendirent le klaxon d'une voiture. « Ne vous inquiétez pas », dit Ganimard. « C'est juste une voiture qui passe. »

Le lendemain matin, Ganimard et le baron vinrent voir les trésors. Ils entrèrent dans la pièce. À leur grand étonnement, les deux hommes de Ganimard étaient endormis. Tous les trésors avaient disparu !

« Mes peintures ! Mes bijoux ! Ma table ! », s'écria le baron. « Comment Lupin est-il entré ? »

Ganimard était **encore plus** choqué.

II. Arsène Lupin en prison
獄中のアルセーヌ・ルパン

« Mes hommes ! », s'écria-t-il. « Ils ont été endormis. C'est le travail d'Arsène Lupin ! »

« Que dois-je faire ? », s'écria le baron.

« Appelez la police », dit Ganimard. « Dites-leur que c'était Lupin. Mais ne mentionnez pas mon nom ! Je vais essayer de vous aider, mais cela doit rester secret. »

« Si Arsène Lupin rend mes trésors, je ferai n'importe quoi ! », dit le baron. « Je le paierai même. »

Ganimard regarda en l'air. « Alors la situation n'est peut-être pas sans espoir. Êtes-vous prêt à verser à Lupin 100 000 francs? », demanda-t-il.

❧ mots-clés et expressions utiles

- issue *n.f.* 出口、逃げ道
- à proximité 近くに
- encore plus よりいっそう

« Oui, oui ! », dit le baron. « Je serai heureux de payer 100 000 francs si Lupin ramène mes trésors. »

Ganimard et ses hommes quittèrent le château. Puis le baron appela la police locale. Ils fouillèrent partout, mais ne trouvèrent aucun **indice**. Cela semblait impossible. Comment Lupin avait-il volé les trésors du baron ? Le château avait de hauts murs et des portes très solides. Les portes et les fenêtres avaient été verrouillées. Personne ne pouvait avoir pénétré à l'intérieur ! C'était un mystère.

La police locale n'avait aucune réponse. Ils demandèrent l'aide de la police de Paris. Le chef de la police de Paris était Monsieur Dudouis. Il appela l'inspecteur Ganimard. Ensemble ils commencèrent à discuter de la situation.

« Fouiller le château est une perte de temps », dit Ganimard. « Je dois parler à Arsène Lupin. Il connaît la vérité. »

« Lupin ! », dit Dudouis. « Mais il est

en prison. Il est impossible qu'il ait volé les trésors. »

« Lupin est la seule personne en France qui puisse avoir **planifié** ce crime. Rien n'est impossible pour lui. Je dois lui parler », répondit Ganimard.

Finalement, le chef de la police accepta. Ganimard alla voir Lupin en prison.

Le détective entra dans la **cellule** de Lupin. « Mon cher Ganimard ! », s'écria Lupin. « C'est un plaisir de vous voir. »

❧ mots-clés et expressions utiles

☐ indice *n.m.* 手がかり
☐ planifier A　Aの計画を立てる
☐ cellule *n.f.* 独房

« Vous êtes très gentil », dit Ganimard.

« Je voudrais vous offrir une boisson », dit Lupin. « Mais cette cellule n'**est** pas **adaptée** pour recevoir des invités. Veuillez me pardonner. Je ne serai ici que pour une courte période, vous savez. »

Le détective sourit. « Une courte période ? », dit-il. « Vraiment ? »

Lupin sourit à son tour. « Mais pourquoi êtes-vous ici, mon cher Ganimard ? », demanda-t-il.

« Je voulais vous parler des trésors du baron Cahorn », répondit le détective.

« Ah ! Le château du Malaquis », dit Lupin. « Oui, j'ai été heureux d'accepter les trésors du Baron. »

« C'était donc vous ! », dit Ganimard. « Les lettres ? C'est vous qui les avez envoyées ? »

« Oui, j'ai envoyé les deux lettres. »

« Mais dans quel but ? Vous vouliez vous moquer du baron, j'imagine. »

« Non », dit Lupin. « Réfléchissez, Ganimard ! Le château est bien gardé, vous le savez. C'est très difficile de pénétrer à l'intérieur. Il n'y a qu'un moyen pour le faire… Le baron lui-même devait m'inviter ! La lettre était la première étape. »

« C'est une idée originale », reconnut Ganimard. « Mais comment exactement ? »

❧ mots-clés et expressions utiles

☐ adapter 適合させる

« J'ai dit au journal qu'un célèbre policier était dans la région. Le journal a rapporté l'histoire, et le baron l'a lue. Alors il s'est dépêché de demander l'aide du policier. Mais en réalité, ce "policier" était un ami à moi… un autre voleur ! Le baron a invité le soi-disant policier dans son château. Le reste était simple. Une fois à l'intérieur, il était facile de voler les trésors. »

« Un très bon plan ! », dit Ganimard. « Mais vous deviez utiliser le nom d'un vrai policier. Quel était-il ? Ce devait être quelqu'un de connu pour attirer l'attention du baron. »

« J'ai utilisé votre nom, mon cher Ganimard. »

L'inspecteur avait l'air choqué.

Lupin rit. « C'est parfait, non ? Ganimard contre Ganimard ! Vous devriez vous arrêter vous-même maintenant. »

Ganimard ne rit pas. La plaisanterie n'était pas à son goût.

II. Arsène Lupin en prison
獄中のアルセーヌ・ルパン

« Ne soyez pas si en colère », lui dit Lupin. « Le baron Cahorn retrouvera ses trésors. Mon ami, le soi-disant Ganimard, a tout arrangé. Le baron me versera 100 000 francs. Puis je lui rendrai les trésors. »

Ganimard se leva. « Merci pour cette explication », dit-il. « Mais Lupin, vous devriez réellement penser à votre procès. Vous êtes encore en prison, vous savez. »

« Pour l'instant », rétorqua Lupin. « J'ai décidé de ne pas **assister à** mon **procès**. »

❧ mots-clés et expressions utiles

☐ assister à A　Aに出席する
☐ procès *n.m.*　訴訟、裁判

Maintenant Ganimard riait. « Oh vraiment ? », dit-il. « Vous n'avez pas le choix, Lupin. Vous assisterez à votre procès. »

« Mon cher Ganimard, vous ne comprenez pas. Moi, Arsène Lupin, je suis ici en prison **de ma propre volonté**. Je partirai quand je voudrai. Vous ne pourrez pas m'en empêcher. »

« Alors pourquoi m'avez-vous laissé vous arrêter ? », demanda Ganimard.

Lupin sourit. « Lorsque vous m'avez arrêté, je pensais à quelque chose de beaucoup plus important. Je pensais à une femme que j'aimais. À cette époque, rien d'autre ne comptait. »

« Lupin, vous êtes très romantique », dit Ganimard. « Mais je ne pense pas que vous puissiez vous échapper de prison. J'espère toujours vous voir à votre procès. »

« Je serai désolé de vous décevoir », répondit Lupin. « Mais nous nous reverrons certainement. Simplement pas à mon procès. »

Les deux hommes se serrèrent la main et se dirent au revoir. Ganimard quitta la cellule. Il verrouilla soigneusement la porte derrière lui.

❧ mots-clés et expressions utiles

□ de sa propre volonté 自分から望んで

III.
L'évasion d'Arsène Lupin
ルパンの脱獄

Arsène Lupin était assis dans sa cellule de la Prison de la Santé. Il parlait avec M. Dudouis, le chef de la Police de Paris.

« Je n'assisterai pas à mon procès », dit Lupin. « Mon cher monsieur, vous ne pouvez rien y faire. Je ne serai pas à mon procès », souria-t-il poliment.

« Nous verrons cela ! », dit le chef de la police. Il sortit rapidement de la cellule de Lupin.

« Surveillez bien Lupin », dit Dudouis aux policiers. « Il ne doit pas s'échapper ! Ayez l'oeil. Et fouillez sa cellule ! Il pourrait cacher quelque chose ! »

Un jour, Lupin fut transporté dans une autre partie de la prison. Pendant ce temps, la police fouilla sa cellule. Ils trouvèrent un **cigare**. Une note était cachée à l'intérieur. Celle-ci disait :

Le plan est prêt. **L'heure** *est venue. Lorsque tu es à l'intérieur, appuie avec tes pieds. Le plancher s'ouvrira. Tu seras alors libre.*

III. L'évasion d'Arsène Lupin
ルパンの脱獄

Nous te trouverons.

Le chef de la police lut la note. Il était très content. « Aha ! », dit-il, « j'avais raison ! Lupin prévoit de s'échapper bientôt. C'est ce qu'il fera. Nous le laisserons s'échapper, mais nous le surveillerons en permanence. Nous trouverons où il vit. Puis nous l'arrêterons à nouveau et nous le ramènerons en prison. Si nous avons de la chance, nous attraperons également ses complices. »

❧ mots-clés et expressions utiles ─────────

☐ cigare *n.m.* 葉巻
☐ heure *n.f.* 時間、チャンス

Dudouis replaça soigneusement la note dans le cigare, puis remit le cigare dans la cellule de Lupin. « Il ne doit pas savoir que nous avons lu cette note », dit-il. « Lupin ne doit se douter de rien. »

Quelques jours plus tard, la police amena Lupin au **tribunal**. Un **juge** s'apprêtait à l'**interroger**. « Monsieur Lupin », dit le juge, « je vais vous poser un certain nombre de questions aujourd'hui. Vous devez nous parler de vos crimes. Répondez de façon précise. Ces questions seront importantes pendant votre procès. »

« Je serai heureux de vous parler de mes crimes », dit Lupin. « Mais cela risque de prendre du temps. Il y en a tellement ! », dit-il en riant. « Mais ces questions ne sont pas importantes du tout. »

« Et pourquoi ? », demanda le juge.

« Je ne serai pas à mon procès », répondit Lupin. Le juge était en colère, mais il ne pouvait rien y faire.

III. L'évasion d'Arsène Lupin
ルパンの脱獄

Il était temps de quitter le tribunal. La police devait ramener Lupin à la Prison de la Santé. Ils le firent entrer dans un véhicule de police spécial. À l'intérieur, il y avait une cellule, où Lupin s'assit. Le véhicule commença à rouler en direction de la prison.

Lorsqu'il atteignit le pont Saint-Michel, quelque chose se produisit. À l'intérieur du véhicule, Arsène Lupin appuya avec ses pieds sur le plancher de la cellule. Il y eut un bruit de **cliquetis**. Soudain, le plancher **glissa** et un trou apparut. Dans un mouvement rapide, Lupin se glissa à travers le trou. Il était libre !

❧ mots-clés et expressions utiles

- □ tribunal *n.m.* 裁判所
- □ juge *n.m.* 判事
- □ interroger 尋問する
- □ cliquetis *n.m.* カタカタいう音
- □ glisser 滑り落ちる、滑る

Le véhicule continua sa route. La police ne sembla pas s'apercevoir que Lupin s'était échappé.

Lupin marcha **le long du** pont. Il ne courait pas, ne se cachait pas. Il marcha pendant un moment, appréciant la belle journée. Le temps était clair et **ensoleillé**. Puis Lupin s'arrêta à un café. Il s'assit et but une tasse de café. Puis il se dirigea vers le propriétaire de l'établissement. D'une voix forte, il dit : « Je n'ai pas l'argent pour vous payer maintenant. Mais je serai heureux de vous payer dans quelques jours. »

« Mais qui êtes-vous, monsieur ? », demanda le propriétaire du café. « Comment puis-je être sûr que vous allez me payer ? »

Lupin s'inclina. « Je suis Arsène Lupin », dit-il. « Je suis prisonnier à la Prison de la Santé. Maintenant, je fais juste une petite promenade. »

Le propriétaire du café était **interloqué**. Les autres personnes dans le café **éclatèrent**

III. L'évasion d'Arsène Lupin
ルパンの脱獄

de rire bruyamment. Puis Lupin sourit et s'en alla tranquillement. Il se dirigea vers la prison.

Lupin frappa à la porte de la prison. Il s'annonça poliment aux gardes. « C'est moi, Arsène Lupin », dit-il. « J'ai fait une agréable promenade. Maintenant je veux retourner dans ma cellule. Mais avant, pouvez-vous appeler le chef de la police M. Dudouis. Je dois lui parler. »

Lorsque le chef de la police apparut, il essaya d'avoir l'air en colère. En réalité, il était très surpris que Lupin soit retourné à la prison.

❧ mots-clés et expressions utiles

- □ le long de A　Aに沿って
- □ ensoleillé,e　陽の当たる、晴天の
- □ interloqué,e　狼狽した
- □ éclater de rire　わっと笑い出す
- □ bruyamment　騒々しく

Lupin dit : « Ne jouez pas avec moi, s'il vous plaît. Je sais que vous avez essayé. Vous m'avez laissé m'échapper aujourd'hui. Pendant que je me promenais dans Paris, vos policiers me suivaient. Vous vouliez trouver mes secrets ! Mais vous ne pouvez pas duper Arsène Lupin. Quand je m'échapperai **pour de bon**, vous ne pourrez pas m'arrêter ». Puis Lupin retourna à sa cellule.

Maintenant Dudouis était réellement en colère. « Lupin ne doit pas s'échapper ! », dit-il. « Transférez-le dans une autre cellule. Il doit être surveillé de près. »

Dans sa nouvelle cellule, Lupin faisait peu de choses. La plupart du temps, il était allongé sur son lit et regardait le mur. Il ne disait presque rien. Il refusait de voir tous les visiteurs. Il ne causa aucun problème aux gardiens.

Chaque jour, le chef de la police demandait aux gardiens : « Lupin s'est-il échappé ? »

« Non, chef », répondaient les gardiens.

« Il essaiera probablement demain »,

répondait Dudouis.

Deux mois plus tard, la date du procès d'Arsène Lupin était arrivée. Tout Paris s'y intéressait. Chacun voulait voir le célèbre Arsène Lupin, le gentleman-cambrioleur. Chacun pensait que le prisonnier s'échapperait pendant le procès.

Une **foule** importante assista au premier jour du procès. Les gens étaient excités à l'idée de voir Lupin. Mais lorsqu'il apparut au tribunal, celui-ci semblait différent. Il était très maigre. Il marchait lentement, comme un viel homme. Son visage était gris et fatigué. Ses yeux étaient sombres et **vides**. Sa bouche **pendait** ouverte.

❧ mots-clés et expressions utiles

- pour de bon 本気で
- foule *n.f.* 群集
- vide からっぽの
- pendre たれる

La foule était très déçue. Cette personne pouvait-elle être le célèbre Arsène Lupin ? Cet homme n'avait aucune énergie, aucun style, aucune élégance. Que se passait-il avec Lupin ? Était-il malade ? **Avait**-il **renoncé** ? La vie en prison avait-elle eu raison de lui ?

L'inspecteur Ganimard était également dans le tribunal. Il regarda le prisonnier une première fois. Puis il le **dévisagea** à nouveau en détail. Soudain, il sursauta, **en état de** choc. Il se précipita pour parler au juge.

« Excusez-moi », dit Ganimard. « Cet homme… cet homme n'est pas Arsène Lupin ! »

« Que voulez-vous dire ? », demanda le juge, très surpris. « Il doit être Lupin ! »

« Non », dit Ganimard. « Cet homme a un visage qui ressemble, c'est vrai. Mais regardez en détail, vous verrez que ce n'est pas Lupin ! Je connais Lupin… Ce n'est pas lui. »

Le chef de la police regarda le prisonnier, lui aussi. Il examina son visage en détail.

III. L'évasion d'Arsène Lupin
ルパンの脱獄

« Ganimard a raison », dit-il enfin. « Cet homme n'est pas Lupin. Il lui ressemble un peu, mais son visage et son corps sont différents en bien des points. »

Le juge **s'adressa au** prisonnier. « Prisonnier, quel est votre nom ? »

Le prisonnier leva la tête lentement et regarda le juge. Il ne semblait pas comprendre.

Le juge répéta sa question. « Quel est votre nom ? »

Le prisonnier répondit lentement. « Mon nom… mon nom est Désiré Baudru », dit-il. Sa voix était **rauque** et fatiguée. Il ressemblait à tout sauf à Arsène Lupin.

❦ mots-clés et expressions utiles

☐ renoncer あきらめる
☐ dévisager A Aをじっと見つめる
☐ en état de A Aの状態で
☐ s'adresser à A Aに言葉をかける、問い合わせる
☐ rauque しわがれた

Tout le monde dans le tribunal s'écria de stupeur. « Ce n'est pas Lupin ! » « Impossible ! » « Lupin s'est échappé, je le savais ! » « Comment a-t-il fait ? »

« Silence ! », cria le juge. **L'assistance se tut** enfin. « Mais alors où est Lupin ? », demanda le juge à Baudru. « Où est-il ? Vous devez l'avoir aidé à s'échapper ! »

Baudru semblait totalement **désorienté**. « Arsène qui ? », demanda-t-il.

Après de nombreuses questions, l'histoire commença à s'éclaircir. Désiré Baudru était un **mendiant**. Il vivait dans les rues de Paris. Deux mois **auparavant** — le même jour qu'Arsène Lupin s'était échappé de la voiture de police, Baudru avait été arrêté. Il avait été placé dans une cellule de la Prison de la Santé. Il ne savait pas pourquoi, disait-il. Il n'avait rien fait de mal.

« Cela ne me **dérangeait** pas d'être en prison », expliqua Baudru au juge. « Il faisait chaud. J'avais un lit. Je mangeais bien. »

III. L'évasion d'Arsène Lupin
ルパンの脱獄

Les gardiens de prison n'avaient pas de réponse non plus. « On nous a dit que cet homme était Arsène Lupin », expliquèrent les gardiens. « Il était tout à fait tranquille. Il restait dans sa cellule. La plupart du temps, il était allongé sur son lit et regardait le mur. Il n'a jamais causé le moindre problème. Nous n'avions aucune raison de le suspecter. »

❧ mots-clés et expressions utiles

- [ ] assistance *n.f.* 出席者
- [ ] se taire 黙る
- [ ] désorienté,*e* 道に迷った、途方にくれた
- [ ] mendiant,*e n.* 物乞い、浮浪者
- [ ] （期間＋）auparavant （期間）前に
- [ ] déranger A Aの活動を妨げる

Dudouis était très en colère. Il semblait bien que Lupin s'était échappé ! Lui et Baudru avaient échangé leurs places, apparemment. Le chef de la police voulait maintenir Baudru en prison, mais il ne le pouvait pas. Personne ne pouvait prouver qu'il travaillait avec Arsène Lupin. Il semblait être un homme innocent.

« Nous devons libérer Baudru », dit l'inspecteur Ganimard à Dudouis. « Mais je vais le suivre après sa sortie de prison. Quelque part, il fait partie du plan d'Arsène Lupin, j'en suis sûr. Si je suis Baudru, il me conduira à Lupin. »

« Très bien », dit Dudouis. « Nous allons libérer Baudru **sur le champ**. »

Désiré Baudru fut libéré dans l'après-midi. Il sortit très lentement de la prison. Il semblait perdu, désorienté. Il semblait n'avoir aucune idée de l'endroit où aller.

Ganimard suivit Baudru toute l'après-midi. Au bout d'un moment, l'inspecteur commença à avoir des doutes. « Peut-être que ce vieux

mendiant est vraiment innocent », se dit-il.
« Peut-être qu'il n'a rien à voir avec Lupin.
Est-ce que je perds mon temps ? »

Finalement, Baudru arriva dans un grand parc. Le parc était verdoyant et tranquille. Il n'y avait personne dans les environs. Baudru se coucha sous un arbre. Il s'endormit au soleil. Il ronflait bruyamment dans son sommeil.

Ganimard regardait le mendiant dormir. « Mais qu'est-ce que je fabrique ? », pensa le détective. Il **était furieux après** lui-même. « Il n'y a aucune raison que je suive cet homme. Je vais retourner à la prison. »

❧ mots-clés et expressions utiles

☐ sur le champ すぐに
☐ être furieux,*se* après A Aに腹を立てる

Ganimard se dirigea vers la sortie du parc. Soudain, il entendit un rire. Il se retourna rapidement.

Baudru était maintenant réveillé. Il était assis et riait.

Ce rire, Ganimard le connaissait bien. Une terrible impression de surprise **s'empara de** lui.

« Lupin ! Arsène Lupin ! », s'écria Ganimard.

« Oui, mon cher Ganimard, c'est moi », répondit Lupin. Il continuait de rire. Il parut soudain très différent. Il ne ressemblait plus à un vieil homme. Il était à nouveau jeune, actif, plein d'énergie et de vie. Il était Lupin !

« Mais… mais comment ? Vous… Baudru ? C'était toujours vous ? »

« Oui, c'était toujours moi. Baudru n'a jamais existé », dit Lupin.

« Comment… comment avez-vous fait ? », s'écria Ganimard.

« C'était très simple », dit Lupin. « Je

peux changer d'**apparence** très facilement. C'est juste une question de temps. Il faut faire quelques exercices au niveau du visage et du corps. Vous les répétez des centaines de fois, et votre apparence devient très différente. »

« Mais comment **avez**-vous **trompé** les gardiens ? », demanda Ganimard.

« J'avais deux mois en prison pour changer mon apparence. Je l'ai fait petit à petit afin que les gardiens ne remarquent rien », lui dit Lupin.

❧ mots-clés et expressions utiles

- [ ] s'emparer de A Aを襲う、支配する
- [ ] apparence *n.f.* 外見
- [ ] tromper A Aをだます

« J'en étais sûr », dit Ganimard. « Au tribunal, pendant votre procès, j'étais sûr que vous étiez quelqu'un d'autre ! J'étais certain que vous vous étiez échappé ! »

« C'est la chose la plus importante », dit Lupin. « Vous avez cru que je m'échapperais. Tout le monde croyait que je m'échapperais ! Une fois que cette **croyance était établie**, tout le reste était facile. Vous vouliez croire que j'étais Baudru — donc vous l'avez cru ! C'était une simple **ruse psychologique**. » Lupin rit à nouveau. « Mais maintenant, mon cher Ganimard, je dois vous dire au revoir. Nous nous reverrons bientôt, j'en suis sûr. »

Ganimard restait silencieux. Il n'avait aucun moyen d'arrêter Lupin maintenant. Le parc était tranquille, et les deux hommes étaient seuls. La police était loin.

« Qu'allez-vous faire maintenant ? », demanda-t-il à Lupin.

« Je vais **m'amuser**. La vie en prison n'était pas très drôle. Mais maintenant je dois vite rentrer à la maison ! Je vais à un dîner ce soir, voyez-vous. »

« Un dîner ? », demanda Ganimard. « Quel dîner ? Où ? »

« La **société exige** de mon temps », dit Lupin en souriant. « Ce soir je dîne avec l'ambassadeur de Grande-Bretagne ! »

❧ mots-clés et expressions utiles ──────

- □ croyance *n.f.* 信じること
- □ établir 確立する
- □ ruse *n.f.* 策略
- □ psychologique 心理学の
- □ s'amuser 楽しむ、暇をつぶす
- □ société *n.f.* 社交界
- □ exiger de ~ ~に期待する

IV.
Le Collier de la Reine
女王の首飾り

Le « **Collier** de la **Reine** » est célèbre dans l'histoire de France. Ce collier **inestimable**, fait d'or et de **joyaux**, avait été réalisé pour Madame Du Barry. À un moment, il a même appartenu à Marie-Antoinette, reine de France ! Le collier était aujourd'hui la **propriété** du **comte** et de la **comtesse** de Dreux-Soubise. Il était dans leur famille depuis près d'un siècle.

Les Dreux-Soubise **étaient très fiers du** Collier de la Reine. La comtesse ne le portait qu'en de très rares occasions. Le reste du temps, il était gardé dans un coffre-fort de la banque.

Une nuit, la comtesse de Dreux-Soubise porta le Collier de la Reine dans un bal. Elle et le comte rentrèrent chez eux très tard. La comtesse se déshabilla et enleva le collier. Elle le donna à son mari.

Il était trop tard pour rapporter le collier à la banque, alors le comte le cacha dans la chambre. Il n'avait pas peur des voleurs. La

IV. Le Collier de la Reine
女王の首飾り

pièce était sûre. Il n'y avait qu'une porte, et elle était **dotée d'une** solide serrure. L'unique fenêtre faisait face à une **courette** intérieure de la maison. La fenêtre était elle aussi fermée. Une petite **commode** occupait la partie inférieure.

Le comte **ferma la chambre à clé**. Puis il alla se coucher, **en même temps que** la comtesse. Le lendemain matin, le comte se leva le premier. Il prévoyait d'aller rapporter le Collier de la Reine à la banque.

❧ mots-clés et expressions utiles

- collier *n.m.* 首飾り
- reine *n.f.* 女王、王妃
- inestimable 評価を絶した、この上なく貴重な
- joyau *n.m.* 宝石
- propriété *n.f.* 所有権
- comte *n.m.* 伯爵
- comtesse *n.f.* 伯爵夫人
- être fier,ère de A Aを誇りに思う
- doté,e de A Aを備えた
- courette *n.f.* 建物に囲まれた小さな中庭
- commode *n.f.* たんす
- fermer la chambre à clé 部屋の鍵をかける
- en même temps que A Aと同時に

Mais lorsque le comte chercha le collier, il ne le trouva pas. Lui et la comtesse fouillèrent partout. Mais ils ne trouvèrent rien. Le fameux Collier de la Reine avait disparu !

Le comte se résolut à appeler la police. M. Valorbe, le **commissaire de police**, arriva rapidement sur les lieux. Il fouilla la chambre, lui aussi. Il examina la porte et la fenêtre. Puis il se tourna vers la comtesse :

« L'un de vos domestiques savait-il que vous portiez le collier la nuit dernière ? », demanda-t-il.

« Bien sûr », dit-elle. « Je ne le cache pas. Mais personne ne savait que le collier était caché dans la chambre. »

« Personne ? », répéta Valorbe.

« Personne… **sauf**… » La comtesse **s'interrompit**. « Peut-être… Henriette ? Sa chambre est de l'autre côté de la nôtre. Sa fenêtre fait face à la nôtre. »

« Qui est Henriette ? », demanda Valorbe.

« Henriette et moi sommes allées à l'école

ensemble », expliqua la comtesse. « Elle tomba amoureuse d'un homme qui n'était pas noble et se maria avec lui. Sa famille était très en colère et refusa de la voir. Ils la jetèrent de la maison. Henriette n'avait pas d'argent. Elle et son jeune fils ne savaient pas où aller, alors nous les avons invités à vivre ici. Henriette travaille pour moi. »

« Allons lui parler maintenant », dit Valorbe.

❧ mots-clés et expressions utiles

☐ commissaire de police *n.m.* 警視
☐ sauf A Aを除いて
☐ s'interrompre de +*inf.* 〜することを途中でやめる

La chambre d'Henriette était petite et froide. Quand Valorbe, accompagné du comte et de la comtesse entrèrent dans la pièce, ils trouvèrent Henriette assise avec son fils Raoul. Celui-ci avait juste six ans.

Valorbe regarda Henriette. Elle était encore jeune, mais son visage était **empreint d'une** grande tristesse. Le petit Raoul regardait sa mère avec amour.

Lorsqu'Henriette **fut mise au courant du** crime, elle eut un grand choc. « Le collier de la Reine a disparu ! », s'écria-t-elle. « Mais comment ? »

M. Valorbe posa à Henriette de nombreuses questions. Elle semblait répondre avec honnêteté. « La nuit dernière, j'ai aidé la comtesse à s'apprêter pour le bal. Je l'ai moi-même aidée à mettre son collier. Mais je ne l'ai pas volé, monsieur! »

Plus tard, le comte parla avec M. Valorbe. « Vous ne pouvez pas suspecter Henriette », dit-il. « C'est une femme honnête. De toute

IV. Le Collier de la Reine
女王の首飾り

façon, cela paraît impossible ! La fenêtre était fermée et verrouillée. Notre porte était fermée à clé. Je ne sais pas comment le voleur a pu entrer… et je ne peux pas imaginer non plus comment il s'est échappé. »

Valorbe devait s'y résigner. Après des mois de recherches, la police n'avait rien trouvé. Le mystère du collier n'avait pas pu être résolu.

❧ mots-clés et expressions utiles

☐ empreint,*e* de A　Aを刻み付けられた
☐ mettre au courant de A　Aを知らせる

Le comte et la comtesse étaient très en colère. Le fait de perdre le collier de la Reine blessait leur fierté. La comtesse continuait de suspecter Henriette. Elle n'avait jamais été gentille avec elle. Maintenant elle commençait à la traiter de façon très rude. Finalement, la comtesse mit Henriette et son fils à la porte de la maison.

Quelques mois plus tard, la comtesse reçut une étrange lettre. Elle était d'Henriette. Elle disait :

> *Madame, je dois vous remercier. Vous êtes si gentille avec moi et Raoul. C'était vous, n'est-ce-pas ?*
> *Personne d'autre ne sait où je vis. Merci, merci pour votre cadeau…*

Que signifiait cette lettre ? La comtesse était désorientée. Elle n'avait rien fait pour Henriette. En fait, elle avait même été très rude avec elle. Elle écrivit à Henriette et lui demanda de lui expliquer la situation.

Henriette lui répondit. Elle dit à la comtesse qu'elle avait reçu une lettre peu de temps **auparavant**. À l'intérieur, il y avait mille francs. La lettre n'était pas signée. Le nom et l'adresse de l'expéditeur n'étaient pas indiqués. Henriette ne savait pas qui l'avait envoyée.

Pendant plusieurs années, Henriette reçut d'étranges lettres contenant de l'argent. Elle ne sut jamais qui les avait envoyées. C'était un mystère ! Mais l'argent suffisait à la faire vivre, elle et son fils.

Henriette mourut quelques années plus tard. Elle ne découvrit jamais la **provenance** de l'argent.

* * * *

❧ mots-clés et expressions utiles

☐ (期間＋) auparavant（期間）前に
☐ provenance *n.f.* 出所

Vingt-cinq années ont passé depuis la mort d'Henriette. C'est seulement maintenant que la vérité a été révélée. Voici ce qui s'est passé.

Il y a une semaine, le comte et la comtesse de Dreux-Soubise ont organisé un dîner. Parmi les invités, il y avait le cousin du comte, le marquis de Rouzières, et le **chevalier** Floriani. Le marquis était le plus vieil ami du comte. Le chevalier Floriani était un nouvel ami. Il était arrivé récemment à Paris, en provenance d'Italie.

Après le dîner, l'un des invités commença à parler de crimes célèbres. Alors le marquis de Rouzières l'interrogea à propos du Collier de la Reine. « Le vol du collier a-t-il été expliqué ? »

« Non », répondit le comte. « De nombreuses années ont passé, mais le collier n'a jamais été trouvé. Le crime n'a jamais été expliqué. »

« Comment le crime a-t-il été commis ? », demanda le chevalier. « J'ai entendu parler du

IV. Le Collier de la Reine
女王の首飾り

collier de la Reine, bien sûr. Mais je ne connais pas l'histoire de son vol. »

Le comte raconta l'histoire. Le chevalier Floriani et les autres invités écoutèrent avec attention. Puis le chevalier parla.

« Je ne suis pas détective », dit-il calmement. « Mais la vérité est facile à trouver ici. Je sais comment le collier a été volé. »

« Impossible ! », s'écria la comtesse. « La police a essayé de résoudre le crime pendant des mois. Ils n'ont pas réussi. Comment pouvez-vous prétendre connaître la vérité ? »

mots-clés et expressions utiles

□ chevalier *n.m.* 騎士、貴族制度で男爵の下の位

« Nous devons regarder les faits », répondit le chevalier. « La porte de la chambre était fermée à clé de l'intérieur. Il était impossible d'entrer par la porte. Donc le voleur est entré par la fenêtre. C'était la seule solution. »

« Mais comment ? », demanda le comte. « Comment le voleur a-t-il traversé la courette ? Il n'a pas pu sauter de la fenêtre d'Henriette jusqu'à la nôtre. C'est trop loin ! Il serait tombé. »

« Le voleur a probablement utilisé une **passerelle** », dit le chevalier. « Il a utilisé une planche de bois suffisamment longue pour traverser la cour. »

« Où le voleur aurait-il trouvé une longue planche de bois ? », demanda le comte. « Quelqu'un l'aurait remarqué en train de la porter. Ils l'auraient suspecté. »

« De toute façon, la fenêtre était verrouillée ! », dit le comte. « Nous avons vérifié. La police a vérifié elle aussi ! Personne n'a ouvert la fenêtre cette nuit-là. »

IV. Le Collier de la Reine
女王の首飾り

« Dites-moi, la fenêtre comporte-t-elle un **vasistas** ? », demanda le chevalier. Le comte et la comtesse avaient l'air désorientés.

« Y a-t-il un vasistas — une petite fenêtre au-dessus de la partie principale ? », demanda-t-il à nouveau.

« Oui, je crois », dit le comte doucement.

« Si vous vérifiez le vasistas », dit le chevalier, « je pense que vous découvrirez quelque chose d'étrange. Je pense que vous découvrirez que le vasistas a été ouvert. »

« Je vais aller en haut pour vérifier », dit le comte. « Notre chambre n'a pas changé. Tout est resté comme la nuit du crime. »

⚜ mots-clés et expressions utiles

- passerelle *n.f.* 狭い橋、タラップ
- vasistas *n.m.* 窓や戸の上部につけられた開閉式小窓

Le comte quitta ses invités. Il se précipita en haut, vers la chambre. Il revint rapidement. Son visage était blanc de surprise. « Oui, il y a un vasistas », s'écria-t-il. « Il n'est pas fermé… et a été ouvert ! »

Le comte et la comtesse regardèrent le chevalier. « Il semble que vous ayez raison, chevalier », dit la comtesse. « Il y a un vasistas. Mais vous avez oublié une chose. Ce vasistas est extrêmement petit. Aucun homme ne pourrait passer à travers ! Ce serait impossible ! »

Tout le monde regardait le chevalier. Il souriait. « Oui, ce serait impossible pour un homme », dit-il. « Mais ce ne serait pas impossible pour un enfant. »

« Un enfant ! », s'écria le comte. « Henriette avait un enfant. Elle avait un fils, Raoul ! »

« Cela doit avoir été Raoul », dit le chevalier. « C'était lui le voleur. Cela a tout à fait du sens. Personne n'irait suspecter un enfant. Dites-moi, y a-t-il des étagères en bois dans la chambre d'Henriette ? »

« Oui », dit la comtesse. « Mais pourquoi posez-vous cette question ? »

« Ces étagères comportent de longues planches de bois », expliqua le chevalier. « Ce petit garçon Raoul… Il a dû utiliser l'une de ces planches pour s'en servir comme passerelle. C'est comme cela qu'il a traversé la cour. Il a placé une planche entre sa fenêtre et la vôtre. Puis il a traversé. Il a ouvert le vasistas et s'est faufilé à travers. Il est entré dans votre chambre et a emporté le Collier de la Reine. Puis il est ressorti par le même vasistas. C'était si simple. »

La comtesse était en colère. « C'était donc l'idée d'Henriette ! C'est elle qui a planifié tout cela. Puis elle a demandé à son fils de voler le collier ! Terrible femme ! C'était une criminelle ! »

« Ne blâmez pas Henriette. Elle n'a rien à voir dans cette histoire », dit le chevalier. « Elle ne savait rien ». Il regarda la comtesse. « Henriette vous a écrit, n'est-ce-pas ? Après que vous l'avez mise à la porte de la maison, elle vous a écrit et vous a remerciée. Si elle avait été la voleuse, elle n'aurait pas fait cela. À l'évidence, elle était innocente. C'était son fils, le voleur. »

La comtesse était silencieuse. Tous les invités regardaient le chevalier Floriani. Une étrange impression remplissait la pièce.

Le comte essaya de rire. « Vous devriez devenir détective, chevalier », dit-il. « C'était une histoire très intéressante. Vous avez pensé à tout ! »

« Vous devez seulement imaginer la vie de

IV. Le Collier de la Reine
女王の首飾り

la mère et de son fils », dit le chevalier avec un sourire empreint de tristesse. « Henriette était pauvre et malade. Elle avait été maltraitée pendant des années. Elle avait été mise à la porte de votre maison. Le jeune garçon aimait sa mère. Il se faisait du souci pour elle. Il a vendu les joyaux du collier et a envoyé l'argent à sa mère. L'argent **a rendu** ses dernières années plus faciles. La mère est morte. De nombreuses années ont passé. Le garçon est devenu un homme. Et maintenant… peut-être l'homme retourne-t-il à la maison où sa mère était domestique… Peut-être rencontre-t-il les gens qui avaient traité sa mère si mal… les gens qui l'avaient accusée d'être une voleuse… Imaginez les sentiments d'une telle rencontre ! »

mots-clés et expressions utiles
□ rendre 元の状態に回復させる

Le comte et la comtesse étaient sous le choc. À l'évidence, le chevalier Floriani était le fils d'Henriette ! Il semblait l'admettre maintenant ! Il était revenu sur la scène du crime. Et il en semblait fier !

« Qui… qui êtes-vous ? », demanda le comte.

« Moi ? Je suis le chevalier Floriani », répondit l'autre. « Nous nous sommes rencontrés plusieurs fois, mon cher comte. »

« Alors que signifie cette étrange histoire ? », demanda la comtesse.

« Oh, ce n'est qu'une histoire ! », dit le chevalier. « J'imagine simplement le plaisir que le fils d'Henriette aurait à vous expliquer le crime. Cela lui procurerait sans aucun doute un grand plaisir. »

Le comte ne savait pas quoi faire. Devait-il appeler la police ? Mais que dirait-il ? Le chevalier Floriani était le voleur du Collier de la Reine. Il l'avait admis ! Mais il n'y avait pas de preuve. La police ne l'arrêterait jamais.

IV. Le Collier de la Reine
女王の首飾り

Le comte décida de faire semblant de ne pas avoir compris. Il rit. « Mon cher chevalier, merci de nous avoir raconté cette histoire. Je l'ai beaucoup appréciée », dit-il. « J'ai toutefois une question. Qu'est devenu ce jeune homme ? Aujourd'hui, continue-t-il à mener une vie de crime ? Voler le Collier de la Reine à l'âge de six ans, c'est un excellent début ! Que pensez-vous que Raoul soit devenu ? »

« Voler le Collier de la Reine était effectivement un excellent début ! », acquiesça le chevalier. « Raoul est probablement un maître-criminel maintenant… un maître-cambrioleur. » Puis il se tourna vers la comtesse. « Ma chère comtesse, je dois vous quitter maintenant. Merci d'avoir écouté ma petite histoire. »

« Attendez, s'il vous plaît », dit la comtesse. « J'ai une question, moi aussi. Pensez-vous que le Collier de la Reine existe encore, chevalier ? Les diamants ont probablement disparu maintenant, mais le collier lui-même existe-t-il encore ? »

« J'imagine que le collier existe encore », dit le chevalier. « Il fait partie de l'histoire de France, après tout. Je ne pense pas que Raoul l'ait détruit. »

La comtesse s'arrêta un moment. « Si vous rencontrez un jour cet homme, chevalier, pourriez-vous lui dire ceci ? Dites-lui que le collier appartient toujours à la famille des Dreux-Soubise. Même sans les diamants, le Collier de la Reine reste notre fierté et notre joie. »

« Je le lui dirai », répondit le chevalier Floriani avec un sourire. Puis il salua le comte et la comtesse et s'en alla. Le chevalier ne fut jamais revu.

Quatre jours plus tard, la comtesse entra

IV. Le Collier de la Reine
女王の首飾り

dans sa chambre. Elle remarqua une étrange boîte posée sur une table. Elle l'ouvrit. À l'intérieur, elle trouva le Collier de la Reine.

Le jour suivant, une histoire parut dans l'Écho de France. Elle disait :

> *Arsène Lupin a trouvé le fameux collier de la Reine, volé il y a de nombreuses années. Lupin a rendu le collier au comte et à la comtesse de Dreux-Soubise. Quelle gentille et noble action de la part d'un gentleman-cambrioleur !*

V.
Sherlock Holmes arrive trop tard
おそかりしシャーロック・ホームズ

Le château de Thibermesnil est l'un des plus beaux châteaux de France. Il est vieux de plusieurs siècles. De nombreux rois de France y ont séjourné, y compris Louis XVI. Le château **renferme** également une grande collection de trésors.

Il y a quelques années, le château de Thibermesnil a été acheté par un homme riche nommé Georges Devanne.

Au moment où cette affaire se produisit, Devanne avait invité un grand nombre d'amis à séjourner au château pendant une semaine. Ce soir-là, Devanne et ses invités prenaient le dîner.

Devanne parlait à l'un de ses amis, Horace Velmont. Soudain, il s'arrêta et sourit. « Vous ressemblez un peu au célèbre Arsène Lupin », dit Devanne. « C'est tout à fait surprenant ! »

Velmont rit. « De nombreuses personnes m'ont dit cela », répondit-il. « Peut-être devriez-vous appeler la police, mon cher Devanne ! »

V. Sherlock Holmes arrive trop tard
おそかりしシャーロック・ホームズ

Devanne rit également. « Vous avez peut-être raison ! **Après tout**, il y a un grand nombre de beaux tableaux et d'autres trésors dans le château. Je suis sûr qu'Arsène Lupin aimerait les voler. »

« Oui, Lupin aimerait les voler », **acquiesça** Velmont en souriant. « Vos trésors sont vraiment magnifiques. »

❧ mots-clés et expressions utiles

- renfermer A　Aを含む
- après tout　なんといっても
- acquiescer　同意する

« En fait, Lupin devrait se dépêcher de les voler, si telle est son intention », dit Devanne en riant. « À partir de demain, ce sera beaucoup plus difficile. Mes trésors seront alors en sécurité… et je dormirai mieux ! »

« Pourquoi cela ? », demanda un autre ami.

« Un invité spécial va venir », dit Devanne à ses invités. « Il arrive demain à 4 heures. Vous ne devinerez jamais son nom — alors je vais vous le dire. C'est Sherlock Holmes ! »

Tout le monde fut soudain très excité. « Sherlock Holmes ! Le célèbre détective anglais ! Mais pourquoi vient-il ? », demandèrent-ils.

Georges Devanne avait l'air sérieux. « Je crois qu'Arsène Lupin va essayer de voler mes trésors. C'est pour cela que j'ai écrit à Sherlock Holmes. Je lui ai expliqué la situation. Monsieur Holmes m'a répondu rapidement. Il m'a dit qu'il serait heureux de venir. Il a très envie d'attraper le célèbre Arsène Lupin. »

« Le plus grand détective face au plus grand

cambrioleur du monde ! », dit Velmont. « Comme c'est excitant ! Arsène Lupin va enfin avoir un adversaire à sa hauteur. Cela va être intéressant ! »

« Qu'est-ce qui vous fait penser que Lupin veut voler vos trésors ? », demanda un autre ami à Devanne.

« Des choses étranges se sont produites ces derniers temps », dit Devanne. « Quelqu'un a volé un livre spécial dans ma bibliothèque privée. Ce livre était très ancien. Il contient les plans du château. Les plans montrent exactement comment le château a été construit. Ils indiquent toutes les entrées et sorties. Ils mentionnent également un tunnel secret vers le château. »

« Un tunnel secret vers le château ! Où est-il ? », demanda Velmont.

« Je ne sais pas », dit Devanne. « Personne ne sait exactement où il se trouve. Les plans n'indiquent pas l'**emplacement** exact. La seule chose que nous sachions est que l'entrée du tunnel se trouve quelque part dans cette pièce. »

Chacun parcourut du regard la grande et magnifique pièce. C'était la plus ancienne du château. Elle était remplie de superbes tableaux et autres trésors. Une grande bibliothèque couvrait un mur de la pièce. Le mot « Thibermesnil » était écrit en lettres d'or tout en haut.

« J'ai fouillé cette pièce », dit Devanne à ses amis. « Mais je n'ai pas pu trouver l'entrée du tunnel ! C'est pour cela que j'ai appelé Sherlock Holmes. Il résoudra le mystère. Il trouvera le tunnel secret. Ainsi il **empêchera** Arsène Lupin **de** voler mes trésors ! »

« Le tunnel secret est-il mentionné dans les livres d'histoire ? Ce château est très ancien », dit Velmont.

❧ mots-clés et expressions utiles

☐ emplacement *n.m.* 所在地
☐ empêcher A de +*inf.* Aが〜するのを妨げる

« En fait, le tunnel a été utilisé par le roi Louis XVI », dit Devanne. « Il a visité le château en tant qu'invité. Le roi a même mentionné le tunnel dans son journal. Mais il n'a jamais expliqué comment il était entré dans le tunnel. Il a juste écrit une phrase à ce sujet. C'est très étrange. »

« Qu'a-t-il écrit ? », demanda Velmont. « Dites-nous ! »

« Le roi a écrit cette phrase : "La hache **tournoie** dans l'air qui **frémit**, mais l'aile s'ouvre, et l'on va jusqu'à Dieu". Cela ne veut rien dire. Je n'arrive pas à imaginer ce que cela signifie », dit Devanne. « Mais Sherlock Holmes résoudra ce mystère. »

« Peut-être », dit Velmont calmement. « Ou peut-être qu'Arsène Lupin le résoudra le premier ! »

Le dîner était maintenant fini. « Il se fait tard », dit Devanne. « Chers invités, **je vous prie de m'excuser**. Trois autres invités arrivent par le train de minuit. Je vais vous quitter maintenant. Je dois aller les chercher à la gare. » Il dit au revoir à ses invités et s'en alla.

Les autres invités prirent également congé. Ils quittèrent la salle à manger et allèrent se coucher.

À 1 heure du matin, Devanne revint de la gare. Avec lui se trouvaient Monsieur et Madame d'Androl, ainsi qu'une jeune femme qui était une amie à eux. Ils étaient fatigués de leur voyage et ne **tardèrent** pas **à** aller se coucher, eux aussi.

❧ mots-clés et expressions utiles

☐ tournoyer 回転する
☐ frémir 揺れる
☐ je vous prie de m'excuser. どうぞお許しください。
☐ tarder à +*inf.* 〜するのが遅れる

À 3 heures du matin, le château était calme et sombre. Tout le monde dormait. Personne n'entendit trois petits bruits — des bruits qui ressemblaient à ceux d'une clé tournée dans une serrure. Ces bruits **provenaient de** la pièce la plus ancienne du château.

Soudain, la bibliothèque dans la pièce commença à bouger. Elle s'ouvrit comme une porte. Derrière se trouvait le tunnel secret. Trois hommes pénétrèrent calmement dans la pièce. L'un d'eux était Arsène Lupin.

« Nous n'avons pas beaucoup de temps », dit Lupin à ses deux aides. « **Décrochez** les tableaux **du** mur. **Transportez**-les dans le tunnel, puis jusqu'à la voiture. **Ramenez**-les chez moi. Moi, je resterai ici. Ne m'attendez pas. »

Les deux aides prirent rapidement les tableaux. Ils les emmenèrent dans le tunnel secret. Lupin poussa la bibliothèque pour la ramener à sa place normale.

Puis il marcha vers la vitrine au centre de la

pièce. Elle était pleine de bijoux. Lupin ouvrit la vitrine et commença à voler les joyaux.

Soudain, il entendit un bruit. Quelqu'un se dirigeait vers la pièce ! Quelqu'un était sur le point d'entrer !

Lupin se cacha derrière un rideau. Il attendit en silence. Puis il entendit la porte s'ouvrir. Quelqu'un était entré dans la pièce. Alors il entendit la voix d'une femme. « Qui est-ce ? », demanda doucement la femme. « Qui est là ? »

❧ mots-clés et expressions utiles

☐ provenir de A　Aの方から来る
☐ décrochez A de B　AをBからはずす
☐ transporter　運ぶ
☐ ramener　持ち帰る

« Je connais cette voix ! », se dit Arsène Lupin. « Cette voix douce me dit quelque chose. Mais non, ce n'est pas possible ! »

Soudain, la femme écarta le rideau. Elle se retrouva face à face avec Lupin. C'était Mademoiselle Nelly ! Son beau visage était blanc de stupeur.

« C'est vous, Mademoiselle Nelly ! », s'écria Lupin. « Que faites-vous ici ? »

« Je… je suis arrivée ce soir », dit-elle lentement. « Je suis arrivée par le train de minuit. Monsieur Devanne est venu nous chercher à la gare. » Elle regardait Lupin dans les yeux. Puis elle parcourut la pièce du regard. Elle comprit qu'il avait volé les tableaux et les bijoux. Son visage changea.

« Mais vois donc comment elle te regarde », se dit Lupin à lui-même. « Elle te regarde comme un voleur, rien de plus. Elle n'a rien à faire de toi. »

Il reposa soudainement les bijoux, puis regarda Mademoiselle Nelly. « Je suis désolé,

Mademoiselle », dit-il. « Pour vous, je rendrai tout. Tous les tableaux seront **restitués**. Demain, je rendrai tout ce que j'ai pris. Je vous le promets. Tout sera rapporté demain, à 3 heures. Vous avez ma promesse. »

Mademoiselle Nelly regarda à nouveau Lupin dans les yeux. « Demain, à 3 heures ? », dit-elle. « Mais comment ? On vous attrapera ! La police sera là. C'est trop dangereux. Vous ne devez pas faire cela ! »

❧ mots-clés et expressions utiles

☐ restituer 本来の持ち主に返す

« Je vous ai fait une promesse », dit Lupin. « Je tiendrai cette promesse, Mademoiselle ». Puis il disparut dans la nuit.

* * * *

Le lendemain matin, Georges Devanne découvrit les vols. « Arsène Lupin était ici ! », s'écria-t-il. « Je savais qu'il viendrait. »

Devanne appela la police. Ils arrivèrent rapidement. Ils fouillèrent le château, mais ils ne trouvèrent rien. Il n'y avait de signe de Lupin nulle part.

« Lupin doit avoir utilisé le tunnel secret », dit Devanne. « Si seulement Sherlock Holmes avait été ici hier… Il aurait trouvé le tunnel. Il aurait stoppé Lupin ! Heureusement, Monsieur Holmes va arriver aujourd'hui. »

Horace Velmont entra dans la pièce. « Mon cher Devanne », dit-il. « Je suis désolé pour les vols. C'est probablement un coup d'Arsène Lupin. »

« Oui, je pense », répondit Devanne. Il rit

et dit : « Je devrais **prévenir** la police à votre sujet. Vous ressemblez tellement à Lupin ! Je suis sûr que la police trouvera cela très drôle ! »

Velmont rit également. « Oui vraiment ! C'est très amusant. »

Puis Mademoiselle Nelly entra dans la pièce. Elle regarda Velmont. Elle poussa presque un cri de surprise. Georges Devanne s'aperçut de son émoi.

❧ mots-clés et expressions utiles

□ prévenir 前もって言う

« Ne vous inquiétez pas, Mademoiselle Nelly », dit Devanne en riant. « C'est mon ami, Monsieur Velmont. Il ressemble à Arsène Lupin, je sais. Mais n'ayez pas peur, il n'est pas le célèbre gentleman-cambrioleur ! »

Velmont **s'inclina**. « C'est un plaisir de vous rencontrer », dit-il.

Mademoiselle Nelly ne parla pas, mais laissa Velmont prendre son bras. Ils marchèrent jusqu'à la fenêtre. Personne n'entendit leur conversation.

« Que faites-vous ici ? », dit-elle doucement. « On va vous attraper ! »

« Non, Mademoiselle », répondit-il. « Je ne serai pas pris. **De toute façon**, j'ai une promesse à tenir. Rappelez-vous ce que j'ai dit. Demain à 3 heures, je rapporterai tout ce qui a été volé. » Il salua à nouveau et s'en alla.

La journée passa rapidement. Mademoiselle Nelly regarda sa montre. Il était bientôt 3 heures. Comment Lupin tiendrait-il sa promesse ?

V. Sherlock Holmes arrive trop tard
おそかりしシャーロック・ホームズ

À exactement 3 heures, quelqu'un frappa aux portes du château. Un serviteur **se précipita** pour aller chercher Georges Devanne. « Monsieur Devanne », dit-il. « Venez vite ! Tout ce qui était volé a été rendu ! »

Devanne et ses invités se précipitèrent vers la porte d'entrée. Il y avait une grande camionnette. Elle était remplie des trésors du château. « Lupin a tout rendu ! », s'écria Devanne. « C'est incroyable ! C'est vraiment un gentleman-cambrioleur. »

❖ mots-clés et expressions utiles

- □ s'incliner 頭を下げる
- □ de toute façon いずれにせよ、とにかく
- □ se précipiter 大急ぎで行く

Mademoiselle Nelly était ébahie. Elle regarda la camionnette. Puis elle regarda Horace Velmont — Arsène Lupin. Ses beaux yeux brillaient.

Lupin la regarda et lui fit un petit sourire. « J'ai tenu ma promesse », dit-il doucement. « Maintenant je dois vous dire au revoir, ma chère mademoiselle. »

Lupin quitta tranquillement le château. Il marcha à travers les jardins. Alors qu'il marchait, il rencontra un autre homme se dirigeant vers le château.

« Excusez-moi », dit l'homme. « Est-ce par ici le château ? » Il parlait en français, mais sa voix sonnait anglais.

« Tout à fait », dit Lupin. « Le château est tout près. Monsieur Devanne vous attend, Monsieur Holmes. »

« Ah ! Vous connaissez mon nom. »

« Oui. La nuit dernière, mon ami Devanne nous a dit que vous viendriez. Je suis ravi de vous rencontrer », dit Lupin. « Personne en

V. Sherlock Holmes arrive trop tard
おそかりしシャーロック・ホームズ

France n'**admire** Sherlock Holmes autant que moi ». Il sourit de façon étrange.

Holmes regarda Lupin en détail. Ses yeux perçants examinaient le visage de Lupin. C'est un moment historique. Le plus grand détective et le plus grand cambrioleur du monde se faisaient face en silence ! Bien que Holmes et Lupin fussent des adversaires, ils éprouvaient beaucoup de respect l'un pour l'autre.

« Merci, monsieur », dit Holmes. « J'espère… que nous nous reverrons. »

---

mots-clés et expressions utiles

□ admire 敬服する、みとれる

« Je suis sûr que oui », répondit Lupin.

Les deux hommes se saluèrent. Puis ils continuèrent chacun dans leur direction. Holmes se rendit au château, et Lupin marcha vers la gare.

Lorsque Sherlock Holmes arriva au château, Georges Devanne l'accueillit. « Monsieur Holmes, bienvenue ! Je suis ravi de vous rencontrer. Merci d'être venu… Malheureusement, il n'y a rien à faire pour vous ici. »

« Que voulez-vous dire ? », demanda Holmes.

« Arsène Lupin a trouvé le tunnel secret la nuit dernière », dit Devanne. « Il a volé mes trésors. Mais étrangement, il vient de les rendre ! Il n'y a donc aucun crime à résoudre maintenant. »

« Peut-être », dit Holmes. « Mais qu'en est-il du tunnel secret ? Avez-vous découvert où il est ? »

« Non », dit Devanne. « Pouvez-vous le

trouver ? »

« Bien sûr », répondit Holmes. « Mais d'abord, vous devez me dire exactement ce qui s'est passé la nuit dernière. Dites-moi tout. »

Devanne décrivit la soirée entière. Il répéta la conversation avec Velmont. Sherlock Holmes écouta **attentivement**. Quand Devanne lui raconta l'histoire du roi Louis XVI et son étrange phrase, Holmes sourit.

⁕ mots-clés et expressions utiles

☐ attentivement 注意深く

« C'est comme cela que Lupin a découvert le tunnel », dit Holmes. « Il a résolu le secret de la phrase : "La hache tournoie dans l'air qui frémit, mais l'aile s'ouvre, et l'on va jusqu'à Dieu". »

« Ainsi mon ami Horace Velmont est en fait Arsène Lupin ! », s'écria Devanne. « J'aurais dû le deviner. »

« Oui, Velmont est Lupin », dit Holmes. « Je l'ai vu tout à l'heure, en fait. Il quittait le château juste quand j'arrivais. »

« Vous avez vu Lupin ? », s'écria Devanne. « Pourquoi ne l'avez-vous pas arrêté ? »

« Ce n'est pas comme cela que je travaille », dit fièrement Holmes. « Lupin est un adversaire de valeur. Il a réussi à trouver comment ouvrir le tunnel. C'est comme cela qu'il a emporté les objets volés à l'extérieur du château. »

« Pouvez-vous également trouver comment ouvrir le tunnel ? », demanda Devanne à Holmes.

« Si Lupin peut le faire, je le peux aussi », répondit Holmes. « Donnez-moi une heure. Je vais réfléchir. Alors j'aurai la solution. »

Pendant exactement une heure, Holmes resta assis et réfléchit. Il examina en détail la pièce où avait eu lieu le vol. Puis une lueur brilla dans ses yeux. « J'ai la réponse. », dit-il à Devanne. « Regardez la bibliothèque. Vous voyez le mot "Thibermesnil" en haut ? »

« Oui, "Thibermesnil" est écrit en lettres d'or », dit Devanne. « Pourquoi est-ce important ? »

« Regardez », dit Holmes. Il monta sur une chaise de façon à pouvoir toucher les lettres en or. Il toucha d'abord le « H » de « Thibermesnil. » Il fit tourner la lettre vers la droite. Puis il toucha la lettre « R », et la fit bouger d'avant en arrière. Enfin, il fit bouger la dernière lettre « L » du mot. À chaque fois que Sherlock Holmes faisait bouger une lettre, un léger bruit se faisait entendre.

Soudain, la bibliothèque elle-même commença à bouger. Elle s'ouvrit comme une porte. Derrière il y avait le tunnel secret.

« Incroyable ! », dit Devanne. « Mais je ne comprends pas. Comment avez-vous trouvé ? »

« La solution était simple », dit Holmes. « La phrase dit : "La hache tournoie dans l'air qui frémit, mais l'aile s'ouvre, et l'on va jusqu'à Dieu". C'est un jeu de mots. La "hache" dans la phrase est la lettre "H", et "l'air" est la lettre "R" ».

« Mais que signifie le reste de la phrase ? »,

V. Sherlock Holmes arrive trop tard
おそかりしシャーロック・ホームズ

demanda Devanne. « Comment le tunnel mène-t-il à Dieu ? »

« Nous verrons cela bientôt », répondit Holmes. « Allons dans le tunnel. Nous allons voir où il mène. »

Devanne et Sherlock Holmes marchèrent dans le tunnel. Il était sombre et froid. Ils marchèrent pendant dix minutes. Finalement ils aperçurent un rayon de lumière.

« Nous sommes presque à la fin du tunnel », dit Holmes.

« Mais où sommes-nous ? », demanda Devanne.

« J'ai une idée », dit Holmes. « Je crois que nous sommes dans une chapelle près du château. Allons voir. »

Ils sortirent du tunnel. Ils se retrouvèrent dans la chapelle, comme Holmes l'avait dit.

« C'est donc comme cela qu'Arsène Lupin s'est échappé ! », s'écria Devanne.

« Oui, c'est comme cela que Lupin a emporté les trésors hors du château », dit Holmes. « Cela explique aussi l'étrange phrase. Le tunnel conduit à une chapelle. Autrement dit, le tunnel mène à Dieu. »

Devanne regarda par la fenêtre de la chapelle. Il vit une voiture qui attendait à l'extérieur. « C'est ma voiture et mon chauffeur ! », dit-il. « Pourquoi sont-ils ici ? »

Devanne et Holmes se précipitèrent à l'extérieur. Devanne parla au chauffeur de la voiture. « Pourquoi êtes-vous ici ? », demanda Devanne. « Je ne vous ai pas demandé de nous attendre ici. Qui vous a envoyé ici ? »

« C'est Monsieur Velmont », dit le chauffeur. « Il m'a dit d'attendre ici, Monsieur. Il m'a dit que vous et Sherlock Holmes seriez à la chapelle. »

« Monsieur Velmont ? », s'écria Devanne. « Mais c'est Arsène Lupin ! »

Sherlock Holmes sourit. « C'est un compliment », dit-il à Devanne.

« Que voulez-vous dire ? », demanda Devanne.

« Arsène Lupin savait que je trouverais le secret. Il savait que je trouverais le tunnel. C'est pour cela qu'il a envoyé votre voiture ici », expliqua Holmes. « Lupin est un adversaire de valeur. Maintenant mon travail ici est terminé. Je vais retourner à la gare et rentrer en Angleterre. »

Devanne et Holmes montèrent dans la voiture. Le chauffeur les emmena à la gare.

Pendant le voyage, Devanne remarqua une lettre laissée dans la voiture. Elle était adressée à Sherlock Holmes. « Cette lettre est pour vous », dit Devanne. « Elle doit être de Lupin ! »

Holmes ouvrit la lettre. À l'intérieur, il y avait une montre. « C'est ma montre », dit-il. « Lupin doit l'avoir volée ! » Son visage s'assombrit de colère.

Georges Devanne éclata de rire. « Arsène Lupin a volé la montre du grand Sherlock Holmes ! Et maintenant il la rend ! Je suis désolé de rire, Monsieur Holmes. Vous devez m'excuser, mais c'est très amusant. Vous devez admettre que Lupin est un maître-cambrioleur ! »

Mais Sherlock Holmes ne rit pas. « Oui, c'est un maître-cambrioleur. Mais je suis le plus grand détective du monde. Un jour, Arsène Lupin et moi, nous nous retrouverons. Alors nous verrons qui est le meilleur… »

a

- à côté de A　Aの横で　*13*
- acquiescer　同意する　*97*
- adapter　適合させる　*47*
- admire　敬服する、みとれる　*113*
- affable　愛想のよい　*11*
- à jamais　永遠に　*33*
- apparence *n.f.*　外見　*69*
- après tout　結局（のところ）、いずれにしても、なんといっても、要するに　*21, 25, 41, 97*
- à proximité　近くに　*43*
- assistance *n.f.*　出席者　*65*
- assister à A　Aに出席する　*49*
- attaché,*e* avec une corde　縄で縛られた　*23*
- attentivement　注意深く　*115*
- au fond de A　Aの底に　*33*
- au milieu de ～　～の最中に、～の真ん中に　*13, 37*
- au nez　鼻先で、目の前で　*39*
- au secours !　助けて！　*19*
- autorisé,*e*　許可された　*37*
- avait raison　正しい　*41*
- （期間+）auparavant　（期間）前に　*65, 81*

b

- bouleversé,*e*　混乱した、仰天した　*39*
- bruyamment　騒々しく　*59*

c

- cellule *n.f.*　独房　*45*
- changer de A　Aを取り替える　*25*
- chevalier *n.m.*　騎士、貴族制度で男爵の下の位　*83*
- cigare *n.m.*　葉巻　*55*
- cliquetis *n.m.*　カタカタいう音　*57*
- collier *n.m.*　首飾り　*75*
- commissaire de police *n.m.*　警視　*77*
- commode *n.f.*　たんす　*75*
- compétent　有能な　*11*
- comte *n.m.*　伯爵　*75*
- comtesse *n.f.*　伯爵夫人　*75*
- confiant,*e*　自信がある　*15*
- consigner　預ける、託す　*33*
- coque *n.f.*　船体　*33*
- courette *n.f.*　建物に囲まれた小さな中庭　*75*
- croyance *n.f.*　信じること　*71*

d

- décrochez A de B　AをBからはずす　*105*
- déranger A　Aの活動を妨げる　*65*
- de sa propre volonté　自分から望んで　*51*
- désorienté,*e*　道に迷った、途方にくれた　*65*
- de toute façon　いずれにせよ、とにかく　*39, 111*
- dévisager A　Aをじっと見つめる　*63*
- doté,*e* de A　Aを備えた　*75*

e

- éclater de rire　わっと笑い出す

Index des mots et des expressions
語句索引

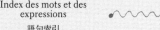

59
- empêcher A de +*inf.* Aが〜するのを妨げる *101*
- emplacement *n.m.* 所在地 *101*
- empreint,*e* de A Aを刻み付けられた *79*
- encore plus よりいっそう *43*
- en état de A Aの状態で *63*
- en même temps que A Aと同時に *75*
- en outre そのうえに、おまけに *21*
- ensoleillé,*e* 陽の当たる、晴天の *59*
- établir 確立する *71*
- état *n.m.* 状態 *23*
- être à A Aのものである *25*
- être au courant,*e* 知っている *13*
- étre censé,*e* +*inf.* 〜すると見なされている *19*
- être en sécurité 安全である *39*
- être fier,ère de A Aを誇りに思う *75*
- être furieux,*se* après A Aに腹を立てる *67*
- être sur le point de +*inf.* まさに〜しようとしている *29*
- exiger de 〜 〜に期待する *71*
- exprès わざわざ *33*

f

- fermer la chambre à clé 部屋の鍵をかける *75*
- finalement 最後に、しばらくしてようやく *23*
- foule *n.f.* 群集 *61*
- frémir 揺れる *103*

g

- garder 保管する、守る *41*
- glisser 滑り落ちる、滑る *57*

h

- heure *n.f.* 時間、チャンス *55*
- hurler de douleur 痛みでうめく *31*

i

- indice *n.m.* 手がかり *45*
- inestimable 評価を絶した、この上なく貴重な *75*
- interloqué,*e* 狼狽した *59*
- interroger 尋問する *57*
- inventer 考案する *31*
- issue *n.f.* 出口、逃げ道 *43*

j

- je vous prie de m'excuser. どうぞお許しください。 *103*
- joyau *n.m.* 宝石 *75*
- juge *n.m.* 判事 *57*
- juste 間違いなく、正しく *37*

l

- laisser un message メッセージを残す *23*
- le long de A Aに沿って *59*
- longer A Aに沿っていく *33*

m

- major, *n.m.* 少佐 *17*
- marquis *n.m.* 侯爵 *17*

- □ mendiant,e *n.* 物乞い、浮浪者 65
- □ mettre au courant de A Aを知らせる 79

o

- □ oser +*inf.* 思い切って〜する 33

p

- □ passerelle *n.f.* 狭い橋、タラップ 85
- □ pendant 〜 〜の間 21
- □ pendre たれる 61
- □ plaisanterie *n.f.* いたずら 41
- □ planifier A Aの計画を立てる 45
- □ pour de bon 本気で 61
- □ pourtant しかしながら 11
- □ prévenir 前もって言う 109
- □ procès *n.m.* 訴訟、裁判 49
- □ propriété *n.f.* 所有権 75
- □ provenance *n.f.* 出所 81
- □ provenir de A Aの方から来る 105
- □ psychologique 心理学の 71

q

- □ quele dommage! なんと残念なことか！ 33

r

- □ ramener 持ち帰る 105
- □ rapprocher A de B AをBに近づける 25
- □ rauque しわがれた 63
- □ redingote *n.f.* フロックコート。18〜19世紀の男性用コートで襟が二重になっており、背中にスリットが入ったもの。 27
- □ reine *n.f.* 女王、王妃 75
- □ rendre 元の状態に回復させる 89
- □ renfermer A Aを含む 97
- □ renoncer あきらめる 63
- □ restituer 本来の持ち主に返す 107
- □ réussir à +*inf.* 〜するのに成功する 13
- □ robuste 頑丈な 37
- □ ruse *n.f.* 策略 31, 71

s

- □ s'adresser à A Aに言葉をかける、問い合わせる 63
- □ s'amuser 楽しむ、暇をつぶす 71
- □ sauf A Aを除いて 77
- □ se dépêcher de +*inf.* 急いで〜する 39
- □ s'emparer de A Aを襲う、支配する 69
- □ se précipiter 大急ぎで行く 111
- □ se rendre à A Aに降伏する 31
- □ se répandre 広がる 13
- □ se sentir en danger de +*inf.* 危うく〜しそうに感じる 15
- □ se taire 黙る 65
- □ s'incliner 頭を下げる 111
- □ s'intéresser à A Aに関心がある 29
- □ s'interrompre de +*inf.* 〜することを途中でやめる 77
- □ société *n.f.* 社交界 71

Index des mots et des expressions
語句索引

- sombrer 沈む *33*
- sur le champ すぐに *67*

t

- tarder à +*inf.* 〜するのが遅れる *103*
- tarder à +*inf.* 遅れて〜する *39*
- télégraphe sans fil *n.m.* 無線機 *11*
- tendre A Aを差し出す *29*
- tomber amoureux,*se* 恋してしまう *15*
- tournoyer 回転する *103*
- transporter 運ぶ *105*
- tribunal *n.m.* 裁判所 *57*
- tromper A Aをだます *69*

v

- vasistas *n.m.* 窓や戸の上部につけられた開閉式小窓 *85*
- vide からっぽの *61*
- voguer 航行する *11*

やさしいフランス語で読む
怪盗ルパン傑作短編集

2015年5月9日　第1刷発行

原著者
モーリス・ルブラン

発行者
浦　晋亮

発行所
IBCパブリッシング株式会社
〒162-0804 東京都新宿区中里町29番3号　菱秀神楽坂ビル9F
Tel. 03-3513-4511　Fax. 03-3513-4512
www.ibcpub.co.jp

印刷所
株式会社シナノパブリッシングプレス

© IBC Publishing, Inc. 2015
Printed in Japan

落丁本・乱丁本は、小社宛にお送りください。
送料小社負担にてお取り替えいたします。
本書の無断複写（コピー）は著作権法上での例外を除き
禁じられています。

ISBN978-4-7946-0339-5